끼리 기자의 가족의 발견

처음 만나는 사회 그림책 4_사회·문화

끼리 기자의 가족의 발견

초판 1쇄 발행 2020년 4월 21일
초판 3쇄 발행 2023년 4월 18일

글 서보현
그림 홍기한

펴낸곳 도서출판 개암나무(주)
펴낸이 김보경
경영관리 총괄 김수현 **경영관리** 배정은
편집 조원선 오누리 김소희 **디자인** 이은주 **마케팅** 김유정
출판등록 2006년 6월 16일 제22-2944호

주소 서울특별시 용산구 한남대로40길 19, 4층(한남동, JD빌딩) (우)04417
전화 (02)6254-0601, 6207-0603 **팩스** (02)6254-0602 **E-mail** gaeam@gaeamnamu.co.kr
개암나무 블로그 http://blog.naver.com/gaeamnamu **개암나무 카페** http://cafe.naver.com/gaeam

ⓒ 서보현, 홍기한, 2020
이 책의 저작권은 저자에게 있습니다. 저자와 출판사의 허락 없이 내용의 일부를 인용하거나 발췌하는 것을 금합니다.

ISBN 978-89-6830-577-1 74080
ISBN 978-89-6830-374-6 (세트)

이 도서의 국립중앙도서관 출판시도서목록(CIP)은 서지정보유통지원시스템 홈페이지(http://seoji.nl.go.kr)와
국가자료공동목록시스템(http://www.nl.go.kr/kolisnet)에서 이용하실 수 있습니다.
(CIP제어번호: CIP2020010754)

품명 아동 도서 | **제조년월** 2023년 4월 18일 | **사용연령** 10세 이상
제조자명 개암나무(주) | **제조국명** 대한민국 | **전화번호** 02-6254-0601
주소 서울특별시 용산구 한남대로40길 19, 4층(한남동, JD빌딩)

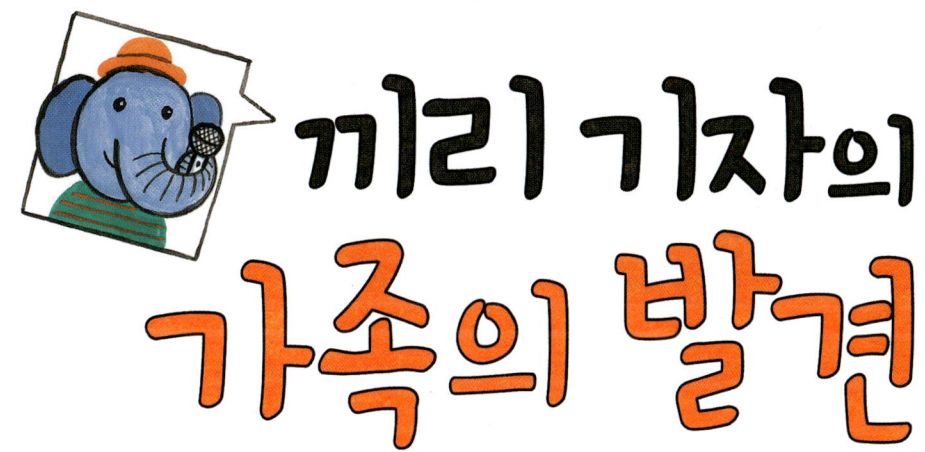

끼리 기자의
가족의 발견

서보현 글 홍기한 그림

개암나무

| 작가의 말 |

놓치기 쉬운 가족의 의미를 생각해요

여러분은 '가족'이 뭐라고 생각하나요? 가족에 대한 생각은 경험에 따라 달라져요. 저는 사춘기 무렵에 아버지에게 자주 혼났어요. 그럴 때면 어린 마음에 얼른 어른이 되어 혼자 살고 싶다고 생각하곤 했지요. 그런데 얼마 후 몸이 심하게 아팠을 때 자기 일은 제쳐 두고 저를 간호해 주는 가족들을 보고 가족만큼 나에게 힘이 되어 주는 건 없다고 생각했답니다. 어른이 되어서도 어떤 날에는 내 가족이 참 좋았다가, 어떤 날에는 짐 같기도 하지요. 이처럼 가족에 대한 생각은 각자의 경험에 따라 천차만별이고 시시때때로 바뀌어요.

사정이 이렇다 보니 가족이 무엇이냐는 질문에 한마디로 대답하기 힘들어요. 옛날에는 가족 형태가 어땠는지, 요즘엔 어떤 식으로 가족 구성원이 바뀌었는지, 또 가족이 어떤 일들을 겪으며 살아가고 있는지 차근차근 알아보고 스스로 생각하는 수밖에 없지요. '나에게 가족은 무엇이고, 나는 우리 가족에게 어떤 존재일까?' 하고 말이에요.

요즘에는 다른 사람들이 어떻게 사는지 알기 쉬워요. 유튜브나 인터넷 등에 올라오는 기사를 보면 누가 이혼했거나 재혼했는지, 누가 외국인과 결혼해서 어떤 문화적 차이를 느끼는지, 아이를 어떻게 키우는지, 누가 아이를 입양했는지 속속들이 알 수 있지요. 문제는 이런 방송은 흥미 위주이기 때문에 겉모습만 알 수 있을 뿐 '가족'의 진정한 의미 같은 중요한 부분을 놓치기 쉽다는 거예요.

이 책에는 현재의 다양한 가족의 모습, 과거 가족의 일반적인 형태, 가족 호칭, 가족 간의 다양한 문제 등 가족과 관련한 다양한 이야기가 실려 있어요. 이 과정에서 우리가 놓치기 쉬운 가족의 의미를 되새겨 볼 수 있지요.

여러분의 가족이 어떤 모습이든 꼭 기억해 둘 것이 있어요. 가족이란 살아 있는 생명체처럼 변화하는 것이며 쉽게 사라지지 않기 때문에, 당장 가족 간에 갈등이 있어도 노력하면 언제든 관계가 더 좋아질 수 있어요. 또 익숙하지 않은 형태의 가족을 만나더라도, 내가 모르는 사정이 있을 수 있다고 생각하고 조심하며 이해하는 자세가 꼭 필요하답니다. 자, 그럼 지금부터 다양한 가족 이야기를 만나 볼까요?

서보현

차례

가족이 궁금해! • 8

변화하는 가족의 형태 • 12

집안일은 모두 함께! • 14

집안일 하는 법 • 20 | 변화하는 가족 구성원의 역할 • 24

호칭은 어려워! • 26

오손도손 김씨네 가족 신문 • 32 | 가족 간의 관계와 호칭 • 36

다문화 가정이 최고야! • 38

진우 엄마가 알려 주는 한국 문화와 필리핀 문화 • 44 ｜ 다문화 가정 • 46

아빠와 아들! • 48

끼리 기자가 만난 사람 • 54 ｜ 다양한 현대 가족의 형태 • 56

아빠는 너무해! • 60

여러 가지 가족 간 갈등 • 66

취재를 마치며 • 70

가족이 궁금해!

이곳은 아프리카 보츠와나의 초베 국립 공원입니다.
코끼리 무리를 보러 많은 사람들이 찾아오는 곳이지요.
코끼리들이 사람 구경하기 좋은 곳이기도 하고요.
그중에서도 호기심 넘치는 코끼리 '끼리'는 사람 가족에 관심이 많아요.
사람 가족은 암컷이 20~30마리의 무리를 이끄는 코끼리 가족과
달라도 너무 달랐거든요. 가족 수도 적고, 수컷이 이끄는 무리가 많았지요.
끼리는 사람 가족과 코끼리 가족이 어떻게 다른지 좀 더 자세히 알고 싶어
사람 세상에 가서 직접 취재하기로 결심했어요.
기자가 된 끼리가 취재를 시작한 곳은 한국의 인천 공항이에요.
공항이야말로 다양한 가족을 만나기에 안성맞춤이니까요!

자, 이제 취재를 시작합니다!

변화하는 가족의 형태

보통 '한 핏줄이거나 입양, 결혼 등을 통해 연결된 사람들이 함께 생활하는 집단이나 구성원'을 가족이라고 해요. 가족의 형태는 사회와 함께 변해 왔어요. 먼 옛날에는 식량을 구하기 쉽도록 사람들이 모여 살았어요. 그러다 가까운 혈연관계의 사람들이 한집에 살며 '대가족'을 이루었지요. 요즘은 부부와 아이만 한집에 사는 경우가 많으며 이를 '핵가족'이라고 불러요.

원시 시대 가족

사냥을 하거나 열매를 따 모아 먹거리를 구했어요. 서로 힘을 합쳐야 식량을 구할 수 있었기 때문에 많은 사람들이 무리를 지어 살았어요. 그러다 혈연관계를 중심으로 한 씨족 사회로 발전했지요.

농경 시대 가족

농사는 힘쓰는 일이 많기 때문에 주로 남편이 밖에 나가 일을 했어요. 자연스레 아내는 집에서 가족을 보살피는 일을 맡았지요. 부부나 자녀 외에 형제, 조부모 등이 한집에 살며 대가족 형태를 이루었어요.

산업화 시대 가족

사람들이 공장이 있는 도시로 나가 살면서 대가족이 흩어지고 핵가족이 나타났어요. 일할 사람이 부족해지자 가정을 돌보던 아내들도 일을 하기 시작했어요.

현대 가족

옛날보다 직업, 교육, 사회 제도 등이 다양해지면서 새로운 형태의 가족이 등장했어요. 또한 부부의 역할을 구분하지 않고 집안일을 나눠서 해요.

집안일은 모두 함께!

"아, 정말 즐거운 여행이었어!"

민이네 가족은 공항을 빠져나오기가 아쉬웠어요. 내일부터 학교와 회사에 가야 한다는 사실이 믿기지 않았지요.

"아, 집에 가면 할 일이 잔뜩이겠네! 빨랫감이 산더미처럼 나올 거 아냐."

아빠는 한숨을 내쉬며 말했어요.

"집에 먼지도 뽀얗게 쌓여 있겠네요. 청소도 만만찮겠어요.
그래도 제가 열심히 도울게요, 아빠!"
현이도 고개를 절레절레 흔들며 말했어요.
민이는 아빠와 오빠의 말에 피식 웃음을 터뜨렸어요.
"누가 보면 우리 집은 아빠가 혼자서 집안일을 다 하는 줄 알겠어요!"
민이네 엄마 아빠는 맞벌이를 해요. 그래서 집안일도 엄마 아빠가 공평하게
나누어 하지요. 물론 민이와 현이도 열심히 돕고요.

"처음 결혼했을 때는 엄마가 집안일을 거의 맡아서 했어."
아빠 말에 엄마가 고개를 끄덕였어요.
"엄마가 어릴 때 외할머니, 외할아버지는 같이 가게를 꾸려 나가셨는데, 집안일은 외할머니만 하셨단다. 그래서 결혼을 하면 나도 당연히 그래야 하는 줄 알았어."
"남자가 바깥일을 하고, 여자가 육아와 집안일을 하는 건, 옛날이야기지. 그래서 아빠가 엄마한테 집안일을 나눠 하자고 했어. 우리가 사는 사회가 옛날과 달라졌으니 가족 내에서도 역할이 달라져야 한다고 말이야."

그때 오빠가 빙글빙글 웃으며 덧붙였어요.

"그래도 우리 집처럼 아빠가 집안일을 많이 하는 집은 드물다고요."

그러자 아빠가 오빠의 머리를 콩 쥐어박았지요.

"네가 결혼할 즈음에는 남자가 집안일을 도맡아 하고 여자가 사회생활을 하는 가족도 흔해질 거야. 요즘에는 남자도 육아를 하는 가정이 많잖아. 법적으로 남자에게 육아 휴직도 보장하고. 우리 회사도 육아 휴직을 쓰는 남자 직원이 늘었는걸?"

그때 민이가 고개를 갸우뚱했지요.

"아빠만 회사에 다니면 집안일은 엄마가 다 해야 한다고 생각하는 친구들도 많아요. 저도 나중에 결혼한 다음에 엄마처럼 사회생활을 하지 않으면, 혼자서 집안일을 다 해야 하는 건가요?"

그 말에 오빠가 다시 물었어요.

"집안일하고 사회생활은 다르잖아. 게다가 가족끼리 네가 할 일, 내가 할 일 딱 나누는 것도 웃겨!"

아빠 역시 오빠 말에 고개를 끄덕였어요.

"아빠 생각도 비슷해. 그리고 집안일과 육아는 또 달라서, 전업주부의 경우 직업이 두 가지인 것과 비슷하거든."

웃고 떠들다 보니 어느새 집이네요. 엄마는 가방을 내려놓으며 소리쳤지요.

"누가 뭐라고 해도 가족 간에 뜻을 맞춰 누가 어떤 역할을 할지 성별에 관계없이 정하면 되지! 자, 각자 맡은 일 시작!"

집안일 하는 법

끼리 기자입니다. 가사 노동, 즉 집안일은 흔히 해도 해도 끝이 없다고 표현하는데요. 종류도 다양하고 매일매일 반복해야 하기 때문입니다. 그래서 요즘은 가족 구성원이 집안일을 적절히 나누어 하지요. 그럼 지금부터 대표적인 집안일과 하는 방법을 알아보겠습니다!

청소

어질러진 집 안을 깨끗하게 정리하고 먼지를 치워, 식구들이 청결하게 생활할 수 있도록 돕는 일입니다. 사람마다 청소 방법은 조금씩 다르지만, 깨끗하게 치운다는 원칙은 비슷하지요.

① 창문을 연 다음 가구 위에 쌓인 먼지를 털거나 닦아요. 그리고 바닥에 흩어져 있는 물건들을 제자리로 옮겨요.
② 청소기로 바닥의 먼지를 빨아들여요.
③ 물걸레로 남은 먼지와 때를 닦아요. 휴지통도 비워요.

설거지

식사를 하고 나면 음식이 묻은 그릇이 많이 생겨요. 이를 치우는 것이 설거지랍니다.

① 식사를 끝마치고 설거지통에 담가 둔 그릇을 수세미에 세제를 묻혀 닦고 깨끗한 물로 여러 번 헹군 다음 건조대에 세워 놓아요.

② 행주로 식탁과 요리를 하느라 지저분해진 가스레인지, 싱크대 주변을 닦아요. 개수대에 담긴 음식물 쓰레기를 모아 버려요.

③ 건조대에 올려 두었던 그릇들을 마른 행주로 닦거나 자연 건조 시킨 다음 제자리에 옮겨 두어요.

빨래

입은 옷, 양말, 속옷이나 사용한 수건 등을 깨끗하게 빨아 정리해 두는 일이에요.

① 모아 둔 빨래를 세탁기에 넣고 알맞은 코스를 선택한 후 작동시켜요. 이때 비슷한 색의 세탁물끼리 나눠 빠는 게 좋아요.
② 세탁이 모두 끝나면 빨래를 널어요. 이때 빨래를 힘껏 털어서 널어야 옷이 잘 구겨지지 않는답니다.
③ 다 마른 빨래는 알맞은 크기로 가지런히 개요.
④ 옷장에 넣어 마무리해요.

현관 정리

현관 정리는 간단한 집안일이에요. 현관이 깔끔하면 집 안 전체가 깨끗해 보인답니다.

① 현관의 먼지나 쓰레기를 빗자루와 쓰레받기로 치워요.
② 여기저기 놓여 있는 신발을 가지런히 정리해요. 이때 자주 신지 않는 신발은 신발장에 넣어요.
③ 가끔 신발장 문과 현관문을 열어 환기시켜요.

쓰레기 분리수거

재활용이 가능한 쓰레기를 종류별로 모아 두었다가 정해진 날, 정해진 곳에 버리는 일이에요.

① 플라스틱, 종이, 비닐류를 집 안 분리수거함에 분리해서 버려요. 이때 내용물은 깨끗이 헹궈요.
② 일반 쓰레기는 종량제 봉투에 버려요.
③ 일정 시간 동안 모아 놓은 쓰레기를 정해진 날짜에 정해진 장소에 가지고 가 버려요.
플라스틱, 종이, 비닐, 음식물 쓰레기로 표시된 통에 각각 분리수거해요.

변화하는 가족 구성원의 역할

가정이 잘 유지되기 위해서는 누군가 돈을 벌어 와서 생계를 유지하고, 또 누군가는 아이를 돌봐야 하며 가사 활동도 해야 해요. 그런데 이러한 역할을 담당하는 사람은 시대에 따라 조금씩 변해 왔어요. 지금부터 가정을 유지하기 위한 일에는 어떤 것이 있고, 시대에 따라 그 역할을 담당하는 사람이 어떻게 달라졌는지 살펴봐요.

경제 활동

옛날에는 주로 남편이 가족을 위해서 돈을 벌어 왔어요. 요즘에는 아내가 함께 돈을 벌기도 하고, 아내만 경제 활동을 하는 경우도 있지요. 옛날과 달리 여자도 남자와 똑같이 교육을 받고 일할 능력이 생기면서 자연스럽게 변한 거예요. 물론 예전에 비해 여성의 일자리도 늘어났지요.

생계 살림을 살아 나갈 방법 또는 현재 살림을 살아가고 있는 형편.

육아와 교육

옛날에는 주로 아내가 집에서 아이를 키우고 돌봤지만, 최근에는 남편도 육아에 적극적으로 참여해요. 또 어린이집과 학교 등 보육 기관과 교육 기관의 역할이 커지면서 사회가 아이 돌보는 일을 도와요.

가사

옛날에는 아내가 가사를 도맡아 하는 경우가 많았지만, 이제 가족 구성원의 특성에 따라 나누어 해요. 집안일은 끝이 없는 데다가 여러 가지 일을 동시에 해야 해서 힘들어요. 그래서 아내가 전업주부라도 사회생활을 하는 남편이나 어느 정도 자란 아이들이 집안일을 함께 하는 게 좋아요.

호칭은 어려워!

오늘은 할아버지의 칠순 잔칫날입니다. 먼 미국에 사는 고모네, 영국에서 유학 중인 삼촌도 인천 공항에서 바로 식당으로 오기로 했어요.
지은이는 오랜만에 온 가족이 모두 모인다는 소식에 며칠 전부터 설렜어요.
"우아, 큰고모네도 벌써 오셨네. 은석아!"

지은이는 도착하자마자 은석이부터 찾았어요. 가족 모임에서 가장 반가운 건 동갑내기 고종사촌인 은석이니까요.

"요 녀석들, 할아비 생일잔치에 와서 니들끼리 인사만 하는 게냐!"

할아버지가 짓궂게 으름장을 놓자, 다들 웃음을 터뜨렸어요.

그때 할머니가 식당으로 들어오는 낯선 친척을 보고는 반갑게 소리쳤어요.

"아이고, 우리 둘째 딸이랑 사위가 왔네!"

"엄마, 아버지! 저희 왔어요."

"정후가 이렇게 컸구나! 먼 길 오느라 고생 많았다!"

어른들은 서로 반가워하며 인사했어요. 지은이와 은석이는 멀뚱하게 서 있었지요. 그때 지은이 엄마가 지은이와 은석이를 떠다밀며 인사를 시켰어요.

"지은아, 작은고모한테 얼른 인사하렴! 은석이도 이모한테 인사해야지!"

순간 지은이와 은석이는 어리둥절했어요. 같은 사람인데 지은이한테는 고모, 은석이한테는 이모라니요!

지은이 아빠는 지은이와 은석이에게 차근차근 설명했어요.

"지은아, 고모는 아빠의 여자 형제를 뜻하지? 은석이 엄마는 아빠의 큰 여동생, 정후 엄마는 아빠의 작은 여동생이야. 그래서 너한테는 큰고모, 작은고모지. 은석아, 이모는 엄마의 여자 형제를 뜻하지? 정후 엄마가 네 엄마의 여동생이니까 이모라고 부르면 돼."

지은이와 은석이는 데굴데굴 눈을 굴리다 마침내 결론을 내렸어요.

"음, 그러니까 누가 부르냐에 따라 호칭이 달라진다는 거죠?"

"그렇지!"

그때 저 멀리서 삼촌이 나타났어요.

"음, 삼촌은 삼촌이 맞나?"

지은이가 묻자, 은석이가 고개를 갸우뚱했어요.

"아, 역시 호칭은 어려워!"

삼촌, 고모, 사촌, 이모부, 고모부! 호칭은 헷갈렸지만, 맛있게 밥을 먹고 할머니와 할아버지가 들려주는 옛이야기를 듣다 보니 한 가족이라는 게 실감 났어요.

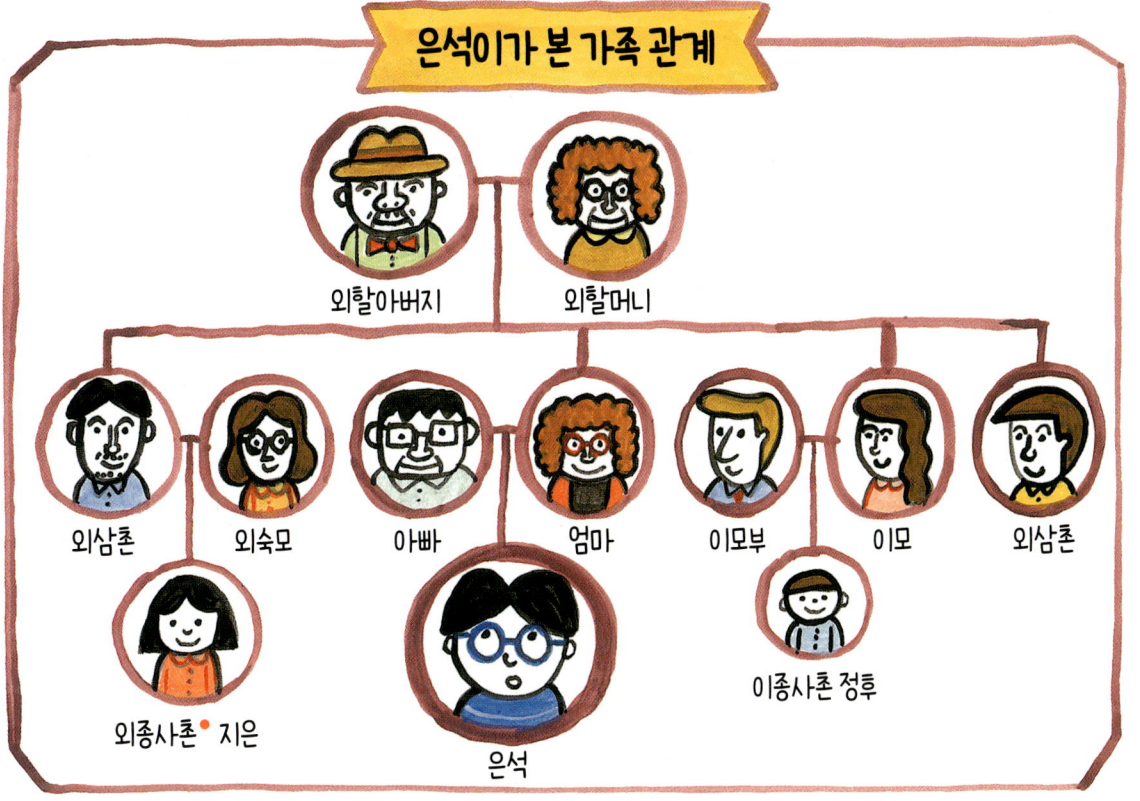

외종사촌 외삼촌의 자녀를 이르는 말.

"이렇게 다 모인 김에 우리 가족사진 찍어요."

고모의 말에 온 가족이 할아버지와 할머니 곁으로 모였어요.

"자, 그럼 김씨 가족 여러분! 다 같이 크게 웃으세요~ 김치!"

가족 간 호칭의 변화

최근 들어 가족 간의 호칭에 변화가 일어나고 있어요. 전통적인 가족 간 호칭에는 여성의 지위를 남성에 비해 낮게 보는 시각이 배어 있어요. 결혼한 여성이 남편의 형제들을 '도련님'이나 '아가씨'라고 높여 부르는 데에 반해, 남편은 아내의 가족에게 '처남', '처제' 등 낮춤말을 사용하는 게 대표적이지요. 또 아내는 남편의 집을 시'댁'으로 높여 부르는데, 남편은 아내의 집을 처'가'로 낮춰 불러요. 여성의 가족에게 '외' 자를 붙여 구별하는 것도 마찬가지예요. 최근 들어 이러한 호칭에 점차 변화의 움직임이 나타나고 있어요. 여성 가족부는 이 문제에 관한 대안으로 여성의 가족에게도 '외' 자를 빼고 부르고 남편과 아내의 형제자매를 부를 때 '○○(이름)+씨'로 부르기를 제안했답니다.

오손도손 김씨네 가족신문

김덕철 할아버지, 칠순 잔치 열다!

김덕철 할아버지의 칠순을 맞아 온 가족이 모여 잔치를 했습니다. 맛있는 음식도 먹고, 촛불도 불어서 껐으며, 손주들이 장기 자랑도 했답니다! _김지은 기자

오랜만에 온 가족 모여

김씨네는 온 가족이 모인 김에 가족사진을 찍었습니다. 나는 김씨가 아니지만 엄마가 김씨니, 김씨 가족이지요. 온 가족이 한자리에 모이니 호칭이 제각각이라 무척 헷갈렸지만, 그래도 오랜만에 따뜻한 가족의 정을 느낄 수 있어 참 좋았습니다. _정은석 기자

잠깐! 퀴즈

1. 다음은 정후의 입장에서 쓴 호칭입니다. 틀린 것을 찾아 바르게 고쳐 보세요.
2. 다음 가족사진에서 김씨가 아닌 사람을 찾아 O표 하세요.

가족 호칭, 꼭 알아야 할까?

- 오늘은 할아버지와 함께 호칭 문제에 대해 이야기하기 위해 자리를 마련했습니다. 할아버지, 가족 간의 호칭은 너무 복잡한데, 꼭 알아야 할까요?

- 할아비 생각에는 지금 쓰는 호칭이 그리 복잡하지 않단다. 게다가 제대로 된 호칭을 써야 가족 간 관계를 정확히 알 수 있지. 큰아버지, 작은아버지 하고 부르면 누가 더 어른인지 주변 사람들이 금세 알 수 있으니 정말 유용하지?

근데 큰아버지면 더 높은 사람이고 작은아버지면 더 낮은 사람처럼 느껴져요. 단지 태어난 순서를 알려 주는 것뿐인데…….

허허, 호칭에는 나이가 나보다 한 살이라도 많은 사람을 어른으로 대접하는 의미도 있단다.

호칭으로 윗사람과 아랫사람을 구분하니 서로 존중하는 관계라기보다 상하 관계를 정해 놓은 것 같아요. 나이가 많다고 어린 사람을 막 대해도 된다는 것처럼 느껴져요.

그렇게 생각할 수도 있겠구나.

서로 존중하는 마음만 있으면 되는 건데 굳이 복잡한 호칭으로 부를 필요가 있나요? 촌수에 따라 호칭을 통일하면 더 편할 것 같아요.

흠흠, 글쎄다. 호칭을 제대로 알고 있어야 외가인지 친가인지도 구분을 할 수 있지.

그것도 마찬가지 같아요. 엄마쪽 가족도 아빠쪽 가족도 모두 똑같은 가족인데, 굳이 구분할 필요가 있을까요?

흠, 잘 생각해 보니 정후 말도 일리가 있구나. 하지만 호칭은 오랫동안 이어져 온 전통인데 지금 당장 외국 사람들처럼 어른 아이 할 것 없이 서로 이름을 부를 수는 없지 않겠니?

그렇긴 해요. 정도 없어 보이고…….

그래, 앞으로 이 문제에 대해서 좀 더 고민해 보자꾸나.

좋아요, 할아버지! 인터뷰에 응해 주셔서 감사합니다, 할아버지. 이상 정은석 기자였습니다.

가족 간의 관계와 호칭

옛날에는 어떤 사람을 평가할 때, 그 사람 자체보다 어떤 집안사람인지, 그 집안에서 어떤 위치를 차지하고 있는 사람인지가 아주 중요했어요.

집안 식구들끼리도 정확한 호칭으로 부르는 게 아주 중요했어요. 호칭은 곧 그 사람이 집안에서 어떤 대접을 받아야 하는지 알려 주는 기준이었으니까요.

아주버니 남편의 형제 중 남편보다 나이가 많은 사람을 부르는 호칭.

호칭에서 중요한 것은 '촌수'예요. 촌수는 친족 사이의 멀고 가까운 정도를 나타내지요. 사촌은 나와 4촌 지간, 삼촌은 나와 3촌 지간을 뜻해요. 촌수가 작을수록 나와 가깝고, 촌수가 클수록 먼 관계예요.

부부는 친족 관계가 아니기 때문에 촌수를 세지 않아요. 가족 중 위아래로 연결된 경우를 1촌이라고 해요. 삼촌은 나와 아버지 사이의 1촌, 아버지와 할아버지 사이의 1촌, 할아버지와 삼촌 사이의 1촌을 더한 관계지요. 요즘에는 형제가 많지 않고, 친척들이 한자리에 모일 일도 많지 않아요. 촌수를 나타내던 호칭을 친근감의 표시로 남에게 쓰는 경우가 많답니다.

다문화 가정이 최고야!

공항에서 집으로 돌아오는 차 안, 엄마와 외할머니는 수다를 떠느라 정신이 없었어요. 진우는 무슨 말인지 전혀 알아들을 수 없었지요.

진우는 앞만 보며 운전하는 아빠에게 슬쩍 말을 건넸어요.

"아빠도 대화 중간에 좀 끼어드세요."

"아빠는 필리핀 말을 할 줄 모르는데 무슨 말을 하겠어. 흠흠!"

"엄마한테 좀 배워 두시지. 엄마는 이제 한국말 엄청 잘하잖아요."

아빠는 진우 말에 입을 꾹 다물었어요.

진우 엄마는 필리핀 사람이에요. 10년 전에 진우 아빠를 따라서 한국에 왔지요. 처음에는 언어와 문화가 달라 적응하기 무척 어려웠대요. 진우를 돌보며 목장 일까지 거드느라 쉴 틈도 없었죠.

엄마는 이제 한국말도 늘고 문화에도 적응했지만, 외갓집에 자주 가 볼 수 없어 늘 외로워했어요. 그런 엄마를 위해 아빠가 결혼 10주년 기념으로 진우의 외할아버지, 외할머니를 집에 초대했어요. 부모님과 5년 만의 만남이라 진우 엄마는 몇 달 전부터 이날을 손꼽아 기다렸지요.

"엄마는 한국에 처음 왔을 때 말 통하는 사람이 없어서 진짜 답답했겠어요."

"그렇지, 엄마가 고생 많았지."

외할머니, 외할아버지가 짐을 푸는 동안 진우 엄마는 음식을 준비했어요. 진우는 엄마가 만든 낯선 음식을 맛보고 감탄했지요.

"오, 엄마, 필리핀 음식 맛있는데?"

"아니야, 한국에서 구하기 힘든 향신 채소가 다 빠져서 진짜 필리핀에서 먹는 맛하고는 좀 달라. 엄마, 아빠 입맛에 안 맞으면 어쩌지?"

마치 어린아이처럼 걱정하는 엄마를 보고 진우가 고개를 저었어요.

"아냐, 엄마! 분명 외할머니 외할아버지도 좋아하실 거야!"

이윽고 외할머니와 외할아버지가 거실로 나왔어요. 그런데 외할머니가 자꾸 춥다며 두꺼운 옷을 찾았어요.

"아참, 내 정신 좀 봐!"

엄마는 얼른 옷장을 뒤져 두툼한 카디건과 점퍼를 꺼내 왔어요.

향신 채소 음식의 맛을 내는 데 쓰는 양념 채소. 고추, 마늘, 생강, 고수, 후추 등이 향신 채소에 속함.

"필리핀은 늘 더워서 한국의 가을 날씨도 춥게 느껴지실 거야. 엄마는 한국에 온 첫 겨울에 집 밖을 못 나갔다니까."

진우 아빠는 진우가 가르쳐 준 필리핀 인사법으로 외할머니 외할아버지에게 정식으로 인사했어요. 진우도 아빠를 따라 인사했지요. 아빠는 음식이 준비되는 동안 축사를 보여 드린다며 외할머니, 외할아버지를 모시고 나갔어요. 엄마는 걱정이 되었는지 따라나섰지요.

목장을 둘러보는 동안, 외할아버지는 손짓 발짓으로 아빠에게 궁금한 것을 물었어요. 아빠는 신이 나서 외할아버지와 대화했지요. 외할머니와 엄마는 저녁 준비를 마저 하러 집으로 향하고, 진우는 폴짝폴짝 뛰며 그 뒤를 따라갔어요.

그런데 집 앞에 옆집 윤희 엄마가 기다리고 있었어요. 양손에 먹을 것을 잔뜩 들고 찾아온 거예요.

"언니, 음식 좀 해 왔어요."

윤희 엄마가 만들어 온 베트남 음식을 받고, 엄마는 연신 고맙다고 인사했어요. 외할머니는 윤희 엄마가 가자마자 엄마에게 뭔가를 잔뜩 물어봤지요.

"엄마, 왜? 외할머니가 뭐라고 하셔?"

"아, 저 친구도 멀리서 왔냐고. 그래서 윤희 엄마는 베트남에서 왔다고, 내 친구라고 이야기해 줬지!"

저녁 식사를 위해 온 가족이 모였어요. 식탁엔 먹거리가 그득했어요.

아빠는 외할아버지에게 "차린 건 없지만 많이 드세요" 하고 인사를 했지요.

엄마가 아빠의 말을 통역하자 외할머니와 외할아버지가 웃음을 터뜨렸어요.

"호호, 엄마 아빠가 언어도 날씨도 다르지만 이렇게 좋은 음식 차려 놓고 겸손하게 말하는 건 필리핀하고 똑같다고 하시네요!"

식구들은 모든 음식을 맛있게 먹었어요. 윤희 엄마가 가져다준 베트남 음식도 싹싹 먹어 치웠지요.

아빠는 내년엔 온 가족이 필리핀에 가겠다며 외할머니와 새끼손가락을 걸고 약속했어요. 진우는 신나서 외쳤지요.

"우아, 나는 필리핀에도, 한국에도 집이 있네! 다문화 가정이 최고야!"

진우 엄마가 알려 주는
한국 문화와 필리핀 문화

- 한국 사람들은 대개 급해요. ↔ 필리핀 사람들은 대개 느긋해요.
- 한국은 유교 문화가 강해요. ↔ 필리핀은 가톨릭 문화가 강해요.
- 한국은 반도국이에요. ↔ 필리핀은 7000개가 넘는 섬으로 이루어진 섬나라예요.
- 한국인은 모두 한국말을 써요. ↔ 필리핀은 섬마다 언어가 다른데, 주로 타갈로그어와 영어를 써요.
- 한국은 사계절이 분명해요. ↔ 필리핀은 1년 내내 더워요.

〈진우의 일기〉

202X년 X월 X일 X요일 날씨 ☀

오늘은 엄마가 친구들 앞에서 수업을 했다. 엄마는 한참 전부터 본인이 필리핀 사람인 게 학교에 알려지면 내가 놀림받을까 봐 걱정했다.

아니, 우리 학교에 엄마가 일본인, 베트남인, 아빠가 인도인, 미국인 등인 다문화 가정 친구들이 얼마나 많은데 아직도 저런 소리람!

사실 어렸을 때는 엄마가 한국말을 못해서 힘들긴 했다. 엄마의 생김새가 왜 다르냐고 묻는 애들도 있었고.

하지만 지금은 다들 부러워한다. 외국에도 집이 있어서 좋겠다고! 게다가 엄마가 영어를 가르쳐 줄 수 있어서 좋겠다는 친구들도 있다.

나도 반은 필리핀 사람이니까, 필리핀도 내 나라다. 내 나라가 둘이면 좋은 점도 2배니까 엄마가 그런 걸로 신경 쓰지 않았으면 좋겠다.

다문화 가정

흔히 우리나라를 단일 민족 국가라고 해요. 하나의 민족이 하나의 나라를 이루고 있다는 뜻이지요. 이런 경우에는 좋은 점도 있고 나쁜 점도 있어요. 일단 생김새나 풍습, 문화가 비슷해서 서로 '한 나라 사람'이라는 결속력이 있어요. 대신 자신들과 생김새나 문화가 조금이라도 다르면 아주 낯설어하지요.

문제는 우리나라도 점차 단일 민족에서 벗어나고 있다는 점이에요. 1960년대, 도시를 중심으로 공장이 세워지고 일자리가 늘어나는 등 산업화가 진행되면서 사람들이 도시에 몰렸고, 농어촌 인구가 줄었어요. 그래서 농어촌 남자들은 필리핀, 베트남 등지의 여성들과 결혼했고, 그 결과 다문화 가정이 급격하게 늘었어요. 그 이후에는 우리나라에 일자리를 구하러 온 외국인들이 많아졌고, 이들과 결혼하는

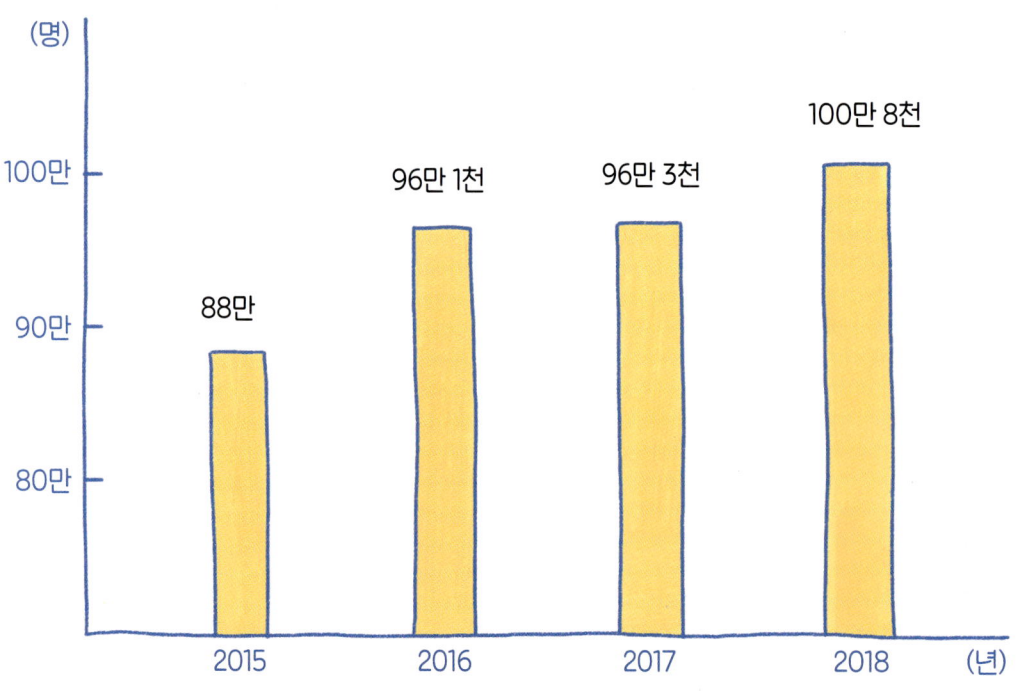

〈우리나라 다문화 가정 가구원 수(통계청, 2018년)〉

사람들이 늘어나면서 어디서나 다문화 가정을 볼 수 있게 되었어요.

2018년도에 실시한 통계청의 조사에 따르면 다문화 가정을 이루고 있는 사람은 100만 명이 넘었어요. 다문화 가정에서 태어난 아이들은 61만 명에 달하지요.

그럼에도 아직까지 우리 사회에는 낯선 사람과 다른 풍습을 받아들이지 못하는 사람들이 있어요. 다문화 가정을 따가운 시선으로 바라보는 것은 이미 우리 사회의 일원으로 자리 잡은 다문화 가정 사람들을 차별하는 행동이지요.

다문화 가정은 세계적인 추세예요. 이제는 다른 문화를 인정하고 다문화 가정을 우리 사회의 구성원으로 받아들이는 자세가 필요한 때랍니다.

다문화 가정을 우리 사회의 구성원으로 받아들이는 자세가 필요해요.

아빠와 아들!

"아빠, 이제 탑승 수속 마쳤으니 출국장으로 들어가야지!"
"우아, 저기서 짐을 엑스레이로 검사하나 봐."
아빠는 여기저기를 둘러보느라 정신이 없었어요.

"아빠, 처음 해외여행 가는 걸 그렇게 티 내야 해? 부끄럽잖아!"

형섭이는 아빠한테 눈치를 줬어요. 아빠 때문에 형섭이도 혼이 쏙 빠질 지경이었지요.

아빠는 형섭이 말에 머리를 긁적거리더니 싱긋 웃었어요.

"아빠가 기분이 좋아서 그렇지! 아빠는 맨날 일하느라 바쁘고, 형섭이는 공부에 집안일까지 돕느라 바빠서 둘이 놀러 간 적이 없잖아."

"히히, 그건 그래."

이때 뒤에 서 있던 나이 든 부부가 아빠에게 말을 걸었어요.

"어머, 형제끼리 여행 가는 거예요? 그 집 엄마는 좋겠네. 형이 자상하게 동생을 챙기니……."

아빠는 형섭이와 눈을 맞추고 장난꾸러기처럼 웃더니 "제 아들입니다" 하고 답했어요.

아줌마는 당황한 듯 다시 말을 이었어요.

"어머, 되게 젊어 보이는데 결혼을 일찍 하셨나 봐요."

이 말도 아빠와 형섭이가 늘 듣던 말이었지요. 형섭이는 일부러 한숨을 푹 내쉬며 장난스럽게 말했어요.

"저희 아빠가 좀 젊죠. 스물두 살에 저를 낳았으니까요."

"어머나!"

아빠는 형섭이에게 조그만 소리로 말했어요.

"이 답은 녹음해 두었다가 사람들이 물을 때마다 들려줘도 될 거 같아. 벌써 한 백만 번쯤은 답한 거 같다."

"그래도 요즘엔 좀 줄었어, 아빠. 좀 있으면 다들 그러려니 할 테니까 조금만 참아."

아빠는 형섭이가 기특하다는 듯 머리를 쓰다듬었어요.

무사히 비행기를 타고 6시간쯤 지나 방콕에 도착했어요. 아빠와 형섭이는 비행기에서 쓴 입국 심사서를 들고 줄을 섰지요.

"우아, 이게 뭐라고 떨린다!"

아빠 말에 형섭이가 고개를 저었어요.

"걱정할 거 없어. 그냥 왜 왔냐고 물어보면 답하고, 지문 찍으면 끝이래."

어느새 아빠와 형섭이 차례가 왔어요. 심사관은 두 장의 입국 심사서를 보더니 형섭이를 가리키며 아빠에게 물었지요.

"Your son?(당신 아들인가요?)"

"Yes!(네!)"

심사관은 싱긋 웃더니 여권에 도장을 쾅쾅 찍어 주며 인사했어요.

"Have a nice trip!(즐거운 여행하세요!)"

둘은 무사히 입국 심사를 마친 다음 호텔에 짐을 놓고 나와 관광을 시작했어요. 다리가 후들거릴 때까지 이곳저곳을 신나게 다녔지요.

해가 저문 지 한참이 지난 저녁, 호텔로 돌아오는 길에 아빠는 형섭이 머리를 쓰다듬으며 다정하게 말했어요.

"이럴 때 보면 진짜 어린애 같은데, 언제 이렇게 컸을까?"

"아빠 나 아직 애야. 조금만 더 고생해 줘. 내가 커서 효도할게!"

형섭이 말에 아빠가 짓궂게 웃었어요.

"아이구 이쁜 놈, 그럼 고생한 아빠한테 보답으로 뽀뽀 한 번만 해 줘!"

"뽀뽀? 여기서? 싫어, 싫어!"

"왜, 한 번만 해 줘!"

"싫다고!"

도망가는 형섭이와 쫓아가는 아빠 때문에 방콕의 거리가 떠들썩했답니다.

끼리 기자가 만난 사람

한 부모 가정의 가장을 만나다

오늘은 한 부모 가정에 대해 알아보도록 하겠습니다. 안녕하세요, 형섭이 아버님! 오늘 이렇게 인터뷰에 응해 주셔서 감사합니다. 아버님은 어떻게 형섭이와 단둘이 살게 되었나요?

대학교 시절에 사귀던 여자 친구와의 사이에서 형섭이가 생겼어요. 여자 친구는 형섭이를 낳긴 했지만 키우지 못하겠다고 했어요. 그래서 제가 형섭이를 혼자 키우기로 했습니다. 그렇게 우리는 가족이 되었지요.

엄마와 아빠가 함께 육아를 해도 힘든데, 혼자서 육아를 도맡아 했으면 정말 힘들었겠어요. 육아를 하며 특히 어려웠던 점은 무엇인가요?

혼자서 일하며 아이를 돌보니 또래들처럼 친구를 만나거나 여가를 즐길 시간이 없었어요. 또 형섭이를 어린이집이나 유치원에 보낼 때, 사람들의 부정적인 시선 때문에 힘들었지요. 형섭이를 책임지며 열심히 사는 것뿐인데 곱지 않은 시선으로 보더라고요. 혼자 아이를 돌본다는 사실만으로요.

 사회적 편견 때문에 가장 힘들었던 적은 언제인가요? 경험담을 더 듣고 싶군요!

새 학년이 되면 학교에 제출해야 하는 가정 환경 조사서가 좀 힘들어요. 당연한 듯이 엄마와 아빠의 이름을 적도록 되어 있으니까요. 요즘엔 여러 이유로 한 부모 가정이 늘고 있는데, 아직까지도 엄마와 아빠, 자녀로 구성되어야 정상 가족이라고 생각하는 것 같아요.

 마지막으로 한 부모 가정을 바라보는 사람들에게 하고 싶은 말씀이 있나요?

꼭 말씀드리고 싶은 게 있어요. 한 부모 가정이라고 해서 특별히 힘들거나 불행할 거라고 생각하지 말아 주세요. 저희는 그냥 평범한 가족이고, 다른 가족과 비슷한 문제를 겪고 비슷한 행복을 누리고 있어요. 때로는 남들과 다르게 바라보는 시선만으로도 상처를 받는답니다.

다양한 현대 가족의 형태

현대에는 과거와 달리 다양한 생각과 의견이 존중받아요. 여러 나라에서 꼭 남자와 여자가 결혼해서 아이를 낳아 가족을 이뤄야 한다는 사회 통념*이 점점 깨지고 있으며, 엄마, 아빠, 아이로 구성된 가족 외에 다양한 형태의 가족이 생겨나고 있어요. 지금부터 다양한 형태의 가족들을 살펴봐요.

입양 가족

자신과 핏줄이 전혀 다른 아이와 한 가족을 이루어요. 옛날에는 '입양'을 아이를 낳지 못하는 사람이 아이를 얻기 위해 어쩔 수 없이 선택하는 수단으로 생각했어요. 특히 국내에서는 입양에 대한 부정적인 시각이 많았어요. 하지만 요즘에는 아이를 낳아도 입양을 통해 새로운 가족을 맞는 사람들이 늘고 있어요. 공개적으로 입양을 하는 가정도 많지요.

입양은 여러 기관의 까다로운 절차를 거쳐 이루어져요.

사회 통념 사회적으로 널리 인정되는 개념.

딩크족

결혼은 했지만 아이를 갖지 않기로 결정하고, 부부끼리 사는 사람들이에요. 아이를 낳고 가족의 중심이 아이에게 향하는 것보다, 부부가 자신의 일에 충실하며 서로에게 집중하는 것에 더 큰 가치를 두는 사람들이 이런 가족 형태를 택하지요.

비혼 가족

결혼을 하지 않고 함께 사는 가족이에요. 유럽에서는 결혼이라는 제도에 얽매이기 싫어하는 많은 젊은이들이 결혼을 하지 않고 동거하며 아이를 낳아 기르기도 해요. 동거만 해도 결혼과 똑같은 법적 지위나 권리 등을 얼마든지 누릴 수 있어요.

우리나라에서는 아직까지 동거하는 가족에게 결혼한 가족과 똑같은 지위나 권리가 주어지지는 않아요.

반려동물 가족

반려동물을 가족으로 생각하며 함께 사는 사람들이에요. 이런 사람들은 여행을 가거나 집을 마련하거나 직장을 택하는 등 중요한 결정을 할 때 함께 사는 반려동물까지 고려해요. 마치 우리가 가족 구성원을 고려하여 결정하듯이 말이에요.

조손 가족

여러 가지 이유로 부모님 대신 할아버지나 할머니가 손자나 손녀와 함께 지내는 가족이에요. 조손 가족의 경우 손자와 손녀는 어리고 조부모님은 나이가 많아 생계를 잇는 데 어려움을 겪는 경우가 많아요.

조손 가족을 도와줄 사회적 제도는 꼭 필요해요.

재혼 가족

다시 결혼하여 새로운 가정을 이룬 가족이에요. 옛날보다 이혼이 증가하면서 늘어나는 가족 형태지요. 부부 중 한쪽이 재혼이기도 하고, 둘 다 재혼인 경우도 있어요. 한 번 가족이 해체되고 다시 가족을 이루었기 때문에 자녀들 간의 갈등 문제나 호칭 문제 등 복잡한 상황이 생기기도 하지요.

동성 결혼 가족

여자와 여자 또는 남자와 남자가 결혼해 이룬 가족이에요. 요즘에는 결혼을 남성과 여성만이 할 수 있는 일로 여기지 않아요. 우리나라에서는 동성 결혼이 합법이 아니에요. 하지만 캐나다, 네덜란드, 벨기에, 미국은 물론 가까이 있는 대만에서도 동성 결혼을 허용하고 있어요.

앞으로는 더 다양한 형태의 가족이 나타날 거예요.

아빠는 너무해!

엄마와 예은이는 공항으로 아빠를 마중 나왔어요. 비행기는 벌써 도착한 것 같은데 아빠가 나오지 않아, 목이 빠져라 기다리고 있었지요.

그러다 지루해진 예은이는 손가방에 있던 스마트폰을 슬쩍 꺼내 게임을 시작했어요. 엄마는 예은이를 보더니 슬쩍 눈치를 주었지요.

"그러다 아빠한테 또 혼날라, 적당히 해."

"어차피 아빠 나오려면 한참 걸릴 것 같은데, 뭐. 기다리기 너무 지루하단 말이야."

그러기를 한 30분, 예은이는 게임에 푹 빠져 주변에서 무슨 일이 일어났는지 전혀 알아채지 못했지요.

"아빠 마중 핑계 삼아 학원 빠지고 공항에 와서는 게임만 하네. '아빠, 출장 잘 다녀오셨어요' 하고 인사를 해야지!"

어느새 아빠가 나타나 예은이의 스마트폰을 확 낚아챘어요. 예은이는 무안해서 조그만 목소리로 말했어요.

"아빠, 출장 잘 다녀오셨어요?"

집에 가는 동안 차 안의 공기는 꽁꽁 얼어붙었어요. 오랜만에 만난 아빠에게 출장 이야기도 듣고, 선물도 받을 생각에 들떠 있던 예은이는 풀이 죽었지요. 참다못한 엄마가 아빠에게 말을 걸었어요.

"잘 다녀왔어? 두바이는 여전히 덥지? 일은 잘 해결된 거야?"

아빠는 얼굴을 찌푸린 채로 고개만 끄덕이더니, 이내 예은이에게 말했어요.

"영어 학원에서 시험 본다고 하지 않았어? 잘 봤어? 이번에는 레벨 올라가는 거야?"

예은이는 꿀 먹은 벙어리처럼 입을 꾹 다물었어요. 사실 시험을 못 봐서 이번 학기에도 한 학년 아래인 친구들과 수업을 받게 된 터였거든요.

"잘 몰라, 아직 결과 안 나왔어……."

결국 예은이는 거짓말을 할 수밖에 없었어요.

예은이의 대답을 들은 아빠는 운전석 옆에 놓여 있던 엄마의 휴대 전화를 꺼냈어요.

"영어 학원에 전화해서 물어봐야겠다!"

예은이는 눈물이 나올 것 같아 차창 밖만 바라보았어요. 전화 한 통이면 시험 결과며, 거짓말한 것이며 다 들통날 게 뻔했으니까요.

엄마는 차분한 목소리로 아빠에게 말했어요.

"차 안에서 이러지 말고, 집에 가서 알아봐요. 지금 알면 뭐가 달라져? 당신도 피곤하니까 일단 집에 가서 씻고, 뭐 좀 먹고, 그러고 나서 이야기해요."

예은이네 식구들은 그 뒤로 한마디도 하지 않은 채 집에 왔어요. 예은이는 숨이 턱턱 막히는 것 같았지요.

저녁 식사 후, 엄마가 과일을 깎아 온 가족이 모인 거실로 가져왔어요. 그리고 예은이에게 다정한 목소리로 물었어요.

"예은아, 영어 시험 결과 진짜 몰라?"

예은이는 엄마의 다정한 말투에 잠시 머뭇거리다가 대답했어요.

"시험을 못 봐서, 이번에 레벨 못 올라가요."

사과를 아삭아삭 씹어 먹던 아빠가 끙 소리를 내며 포크를 내려놨어요. 예은이는 그저 큰 죄를 지은 사람처럼 고개를 푹 숙였어요. 아빠는 그런 예은이를 보더니 엄마에게 화를 냈어요.

"당신이 너무 물렁물렁해서 그래. 세상에 똑똑한 사람이 얼마나 많은데, 이렇게 허술하게 공부시켜서 되겠어?"

늘 그렇듯 예은이의 공부 때문에 엄마와 아빠의 말다툼이 시작될 판이었어요.

"이번엔 또 뭘 보고 왔기에 공항에서부터 애를 혼내?"

엄마는 아빠가 화를 내건 말건 웃으며 말했어요.

"이번에 우리 통역 담당자 말이야, 좋은 학교 나온 데다가 일은 또 얼마나 잘하는지. 우리 딸도 저렇게 자기 일 똑 부러지게 잘하는 사람이 되면 좋겠다 생각하던 참인데, 공항에서 게임에 정신 팔려 있는 걸 보니 화가 나, 안 나!"

아빠는 속에 쌓여 있던 말을 늘어놓았어요. 엄마는 조용히 아빠 말을 듣더니 씩 웃으며 말했지요.

"그러니까 우리 딸이 훌륭한 사람이 되면 좋겠다, 이거지?"

아빠는 엄마 말에 잠시 어리둥절해하더니, 고개를 크게 끄덕였어요.

"그렇지, 그렇지. 남들한테 인정받고, 능력 있는 멋진 사람이 되길 바라지!"

엄마가 이번에는 예은이에게 물었어요.

"예은아, 넌 어때? 그런 멋진 사람이 되고 싶어?"

예은이도 고개를 끄덕거렸어요.

엄마는 사과를 아삭 베어 물더니 말했어요.

"둘이 원하는 게 똑같은데, 뭘 그렇게 화를 내고 잔소리를 하고 그래."

아빠는 그런 엄마가 답답하다는 듯 가슴을 쳤어요.

"얘가 하는 걸 보면 그런 사람이 될 것 같지 않으니까 하는 소리지!"

엄마는 손을 휘휘 내저었지요.

"아이가 어떻게 클지 부모가 어떻게 다 알아? 당장 내일 일도 모르는 판에! 애 그만 달달 볶고 믿고 기다려 줘. 그게 부모의 일이야."

엄마 말에 아빠가 또 한 소리 하려 하자, 엄마가 얼른 예은이에게 말했어요.

"그런데 예은아, 거짓말은 하지 마. 거짓말하는 사람은 안 멋진 사람이고, 벌써부터 안 멋지면 나중에 멋진 사람이 될 수가 없어."

엄마의 말을 듣고 그제야 예은이가 씨익 웃으며 고개를 끄덕였어요. 아빠는 툴툴거리면서도 예은이에게 사과를 하나 쥐어 주었지요. 아마 이러다가 내일모레쯤 예은이 공부 때문에 다시 집이 시끄러워질 수도 있어요. 하지만 그때마다 예은이네 가족은 오늘처럼 생각의 차이를 조금씩 좁혀 나갈 거예요.

여러 가지 가족 간 갈등

　대부분의 사람들은 가족이라는 울타리 안에 살고 있어요. 어려울 때는 가족밖에 없다고 하지만, 사실 가족이 항상 좋은 건 아니에요. 가족 간에도 여러 가지 문제가 있기 때문이지요.

　과거에도 가족 간에 문제가 있었어요. 시어머니와 며느리 간의 갈등, 지나치게 자신만 내세우는 가부장적인 남편과 아내의 갈등, 부모와 자식 간의 세대 갈등 등 종류도 다양했지요.

　이러한 가족 간의 문제가 생기면 가족 안에서 해결하는 것이 원칙이었어요. 가족 내부의 문제를 밖에 나가서 이야기하거나, 해결하려고 하는 것을 아주 부끄러운 일로 여겼지요.

　요즘은 가족 간 싸움의 주제부터 과거와 많이 달라졌어요. 가족 구성원 간에 집안일을 어떻게 나누어 할지, 자녀를 어떻게 교육할지 등이 새로운 가족 문제로 등장했지요. 지금부터 현대의 가족들은 어떤 문제로 갈등을 겪는지 좀 더 자세히 알아봐요.

집안일 분담

가장 대표적인 가족 갈등 문제예요. 특히 우리나라는 전통적인 유교 사상 때문에 집안일은 여자가 해야 한다고 배우며 자란 사람들이 많아요. 그런데 남자와 똑같이 교육받고 자라 가족을 이룬 후에도 직장을 다니는 여자들이 늘어나면서 '집안일을 어떻게 나누어 할 것인가' 하는 문제로 갈등을 겪는 가정이 늘고 있어요.

세대 갈등

사회가 급변하면서 최근에는 부모와 자녀들 간의 살아온 환경이 크게 달라졌어요. 생활 방식, 생각 등에서도 차이가 생겼지요. 가부장적인 부모와 수평적인 관계를 원하는 자식 간의 갈등이 대표적이에요.

자녀 교육 문제

과거에는 아이가 부모의 말을 잘 듣고 공부를 잘하며, 남들에게 존경받는 직업을 가지고 화목한 가정을 꾸리고, 돈과 명예를 얻는 삶을 살면 '아이를 잘 키웠다'고 생각했지요. 하지만 여러 가지 다양한 삶을 인정하는 현대에는 '아이를 잘 키우는 것'에 대한 생각도 다양해졌어요. 게다가 아이도 자신의 개성을 존중받기를 원하면서 예전보다 자녀 교육 문제는 더 복잡해졌어요.

대화 단절 및 부모 의존

각자의 생활이 바빠지면서 가족 간에 대화가 단절되기도 해요. 바쁜 맞벌이 부부와 자식 간에 대화가 줄면서 갈등을 겪는 경우도 있고, 아이들이 성장해 집을 떠나자 외로워하는 부모님 때문에 갈등을 겪기도 해요. 반대로 다 성장해서도 독립할 생각 없이 부모한테 의존하는 자녀 때문에 갈등이 일어나기도 해요.

요즘엔 이런 가족 내부의 문제를 가족 내에서 쉬쉬하며 해결하려고 하지 않고 부부 상담, 부모 자녀 상담 등 상담 기관의 도움을 받는 것이 일반적이에요. 전문가의 도움을 받는 것이 문제 해결에 큰 도움이 된다는 것을 많은 사람들이 알게 되었거든요.

다양한 갈등을 겪기도 하지만 아직도 사람들은 사회의 기본은 가족이라고 생각해요. 사람 한 명, 한 명이 흩어져서 따로 사는 것보다, 적은 수의 사람이라도 같은 집에 모여 살면서 함께 고민하고 어려움을 풀어 나가는 게 좋다고 생각하는 것이지요. 아마도 시간이 지나면서 가족 간에는 또 다른 문제가 나타날 거예요. 하지만 가족의 근본 가치는 쉽게 변하지 않을 거랍니다.

🐘 취재를 마치며

가족에 대한 이모저모를 알아본 이번 취재를 마치면서 미래에는 어떤 가족이 생겨날까 생각해 보았습니다. 현대에 들어와서 나타난 여러 형태의 가족들은 과거에는 생각도 못할 가족 형태라는 것을 알 수 있었는데요. 이와 마찬가지로 미래의 가족 역시 우리가 상상하기 힘든 형태로 변하지 않을까요?

인공 지능 로봇이 가족 구성원이 될 수도 있고, 핏줄로 이어지지 않은 여러 사람이 한집에 모여 살며 가족을 이룰 수도 있겠지요.

분명한 것은 가족은 사회를 이루는 기본 단위이고, 사회가 유지되기 위해서 꼭 필요하다는 것입니다. 그러니까 앞으로 어떤 형태로든 가족은 존재하겠지요.
취재를 마무리하며 여러분께 청하고 싶습니다. 여러분의 가족이 얼마나 소중한 존재인지 생각해 보세요. 앞으로 새롭게 이룰 가족은 어떤 형태일지도요!
그럼 저는 이만 제 가족을 만나러 가 보겠습니다.
이상 끼리 기자였습니다!